AF494913

PAPA FRANCISCO

Candor Lucis æternæ

*Carta Apostólica
en el VII Centenario de la muerte
de Dante Alighieri*

LIBRERIA EDITRICE VATICANA

© Copyright 2021 - Libreria Editrice Vaticana
00120 Città del Vaticano
Tel. 06.698.45780
E-mail: commerciale.lev@spc.va

ISBN 978-88-266-0618-7

www.vatican.va

www.libreriaeditricevaticana.va

Resplandor de la Luz eterna, el Verbo de Dios se encarnó de la Virgen María cuando ella respondió "aquí estoy" al anuncio del ángel (cf. *Lc* 1,38). El día en que la liturgia celebra este inefable misterio es también particularmente significativo en las vicisitudes históricas y literarias del sumo poeta Dante Alighieri, profeta de esperanza y testigo de la sed de infinito ínsita en el corazón del hombre. Por tanto, en esta ocasión también deseo unirme al numeroso coro de los que quieren honrar su memoria en el VII Centenario de su muerte.

El 25 de marzo, en efecto, comenzaba en Florencia el año según el cómputo *ab Incarnatione*. Dicha fecha, cercana al equinoccio de primavera y en perspectiva pascual, estaba asociada tanto a la creación del mundo como a la redención realizada por Cristo en la cruz, inicio de la nueva creación. Esta fecha, por lo tanto, a la luz del Verbo encarnado, invita a contemplar el proyecto de amor que es el núcleo mismo y la fuente inspiradora de la obra más célebre del poeta, la *Divina Comedia*, en cuyo último cántico san Bernardo recuerda el acontecimiento de la Encarnación con estos célebres versos: «En tu vientre se encendió el amor, / por cuyo calor, en la eterna paz / esta flor germinó» (*Par.* XXXIII, 7-9).[1]

Anteriormente, en el *Purgatorio*, Dante representaba la escena de la Anunciación esculpida en un barranco de piedra (X, 34-37.40-45).

Por eso, en esta circunstancia no puede faltar la voz de la Iglesia que se asocia a la unánime conmemoración del hombre y del poeta Dante Alighieri. Mucho mejor que tantos otros, él supo expresar, con la belleza de la poesía, la profundidad del misterio de Dios y del amor. Su poema, altísima expresión del genio humano es fruto de una inspiración nueva y profunda, de la que el poeta es consciente cuando habla de él como del «poema sagrado / en el cual han puesto mano el cielo y la tierra» (*Par.* XXV, 1-2).

Con esta Carta apostólica deseo unir mi voz a las de mis Predecesores que han honrado y celebrado al poeta, particularmente en los aniversarios de su nacimiento o de su muerte, para proponerlo nuevamente

---

[1] Cf. Dante Alighieri, *Obras completas*, ed. BAC, Madrid 2015.

4

a la atención de la Iglesia, a la universalidad de los fieles, a los estudiosos de literatura, a los teólogos y a los artistas. Recordaré brevemente estas intervenciones considerando principalmente a los Pontífices del último siglo y sus documentos de mayor relieve.

1. *Las palabras de los Pontífices Romanos del último siglo sobre Dante Alighieri*

Con motivo del VI Centenario de la muerte del poeta en 1921, hace un siglo, Benedicto XV, recogiendo las ideas surgidas en los pontificados precedentes, particularmente de León XIII y san Pío X, conmemoró el aniversario dantesco con una Carta encíclica[2] y el impulso a los trabajos de restauración de la Iglesia de San Pedro Mayor, de Rávena, llamada popularmente de San Francisco, donde se celebró el funeral de Alighieri y en cuyo cementerio fue sepultado. El Papa, considerando las numerosas iniciativas dirigidas a solemnizar la efeméride, reivindicaba el derecho de la Iglesia, «que le fue madre», a ser protagonista en tales conmemoraciones, honrando a «su» Dante.[3] En la Carta al arzobispo de Rávena, Mons. Pasquale

---

[2] *In praeclara summorum* (30 abril 1921): *AAS* 13 (1921), 209-217.

[3] Cf. *ibíd.*: 210.

Morganti, con la que aprobó el programa de las celebraciones centenarias, Benedicto XV motivaba así su adhesión: «Por otra parte (y esto es más importante) se agrega una cierta y particular razón por la que consideramos que su aniversario solemne se celebre con memoria agradecida y gran participación del pueblo, por el hecho de que Alighieri es nuestro. […] ¿Quién podrá negar, en efecto, que nuestro Dante haya alimentado e intensificado la llama del ingenio y la virtud poética obteniendo inspiración de la fe católica, a tal punto que cantó en un poema casi divino los misterios sublimes de la religión?».[4]

En un momento histórico marcado por sentimientos de hostilidad a la Iglesia, en la encíclica citada el Pontífice reiteraba la pertenencia del poeta a la Iglesia, «la íntima unión de Dante con esta Cátedra de Pedro»; es más, afirmaba que su obra, aun siendo expresión de la «prodigiosa amplitud y agudeza de su ingenio», obtenía un «poderoso impulso de inspiración» precisamente de la fe cristiana. Por eso, continuaba diciendo Benedicto XV, «en él no sólo se admira la gran altura del ingenio, sino también la

---

[4] Carta *Nobis, ad Catholicam* (28 octubre 1914): *AAS* 6 (1914), 540.

vastedad del argumento que la religión divina ofreció a su canto». Y en su elogio respondía indirectamente a los que negaban o criticaban la matriz religiosa de su obra: «Es la misma piedad que hay en nosotros la que inspira a Alighieri; su fe tiene los mismos sentimientos. […] Este es su principal elogio, ser un poeta cristiano y haber cantado con acentos casi divinos los ideales cristianos de los que, con toda el alma, contemplaba la belleza y el esplendor». La obra de Dante —proseguía el Pontífice— es un ejemplo elocuente y válido para «demostrar cuánto sea falso que la conformidad de la mente y del corazón a Dios corte las alas al ingenio, mientras que en realidad lo motiva y lo eleva». Por eso, seguía afirmando el Papa, «las enseñanzas que nos dejó Dante en todas sus obras, pero especialmente en su triple poema» pueden servir «como una guía muy valiosa para los hombres de nuestro tiempo» y particularmente para los estudiosos y los estudiantes, porque «al componer su poema, no tuvo otro propósito que sacar a los mortales del estado de miseria, es decir, de pecado, y conducirlos al estado de bienaventuranza, es decir, de gracia divina».

Por otra parte, las diversas intervenciones de san Pablo VI están vinculadas al VII Centenario de su nacimiento en 1965. El 19 de septiembre donó una cruz dorada para enriquecer el templete ravenés donde se encuentra la tumba de Dante, hasta ese momento «desprovista de tal signo de religión y esperanza».[5] El 14 de noviembre envió a Florencia una corona de laureles dorada, para que fuera colocada en el Baptisterio de San Juan. Por último, al finalizar los trabajos del Concilio Ecuménico Vaticano II, quiso regalar a los Padres conciliares una edición artística de la *Divina Comedia*. Pero, sobre todo, honró la memoria del sumo poeta con la Carta apostólica *Altissimi cantus*,[6] en la que reiteraba el fuerte vínculo entre la Iglesia y Dante Alighieri: «Si alguno quisiera preguntarse por qué la Iglesia católica, por deseo de su Cabeza visible, se preocupa de cultivar la memoria y celebrar la gloria del poeta florentino, fácil es nuestra respuesta: porque, por un derecho particular, Dante es nuestro. Nuestro, es decir de la fe católica, porque todo inspira amor a Cristo; nuestro porque amó mucho a la Iglesia, de la que cantó sus glorias;

---

[5] *Discurso al Sacro Colegio y a la Prelatura Romana* (23 diciembre 1965): *AAS* 58 (1966), 80.

[6] Cf. *AAS* 58 (1966), 22-37.

8

y nuestro porque reconoció y veneró en el Romano Pontífice al Vicario de Cristo».

Pero ese derecho, continuaba el Papa, lejos de permitir actitudes triunfalistas, representa también un compromiso: «Dante es nuestro, es justo repetirlo; y no lo afirmamos por hacer de él un ambicioso trofeo de gloria egoísta, sino más bien para recordarnos a nosotros mismos el deber de reconocerlo como tal, y de explorar en su obra tesoros inestimables del pensamiento y del sentimiento cristiano, convencidos como estamos de que sólo quien penetra en el alma religiosa del soberano poeta puede comprender a fondo y gustar sus maravillosas riquezas espirituales». Y ese compromiso no exime a la Iglesia de acoger también las palabras de crítica profética pronunciadas por el poeta respecto a quienes debían anunciar el Evangelio y no representarse a sí mismos, sino a Cristo: «Tampoco lamentamos recordar que la voz de Dante se levantó impetuosa y severa contra más de un Pontífice Romano, y que reprendió con acritud instituciones eclesiásticas y personas que fueron ministros y representantes de la Iglesia». Sin embargo, es evidente que «esas actitudes provocadoras nunca sacudieron su firme fe católica ni su filial afecto a la santa Iglesia».

Por consiguiente, Pablo VI ilustraba las características que hacen del poema dantesco una fuente de riquezas espirituales al alcance de todos: «El poema de Dante es universal, en su gran amplitud abraza cielo y tierra, eternidad y tiempo, los misterios de Dios y las vicisitudes humanas, la doctrina sagrada y la extraída de la luz de la razón, los datos de la experiencia personal y los recuerdos de la historia». Pero, sobre todo, identificaba la finalidad intrínseca de la obra dantesca y particularmente de la *Divina Comedia*, finalidad no siempre apreciada y considerada explícitamente: «El objetivo de la *Divina Comedia* es fundamentalmente práctico y transformante. No sólo se propone ser poéticamente bella y moralmente buena, sino capaz de cambiar radicalmente al hombre y llevarlo del desorden a la sabiduría, del pecado a la santidad, de la miseria a la felicidad, de la contemplación aterradora del infierno a la contemplación beatífica del paraíso».

En un momento histórico cargado de tensiones entre los pueblos, al Papa le preocupaba el ideal de la paz, y encontraba en la obra del poeta una reflexión valiosa para promoverla y suscitarla: «Esta paz de las personas, de las familias, de las naciones, de la familia humana, paz interior y exterior, paz individual y pública, tranquilidad del orden, está alterada y sacudida, porque la piedad y la justicia están oprimidas. Y para restaurar el orden y la salvación, la fe y la razón están llamadas a obrar en armonía, Beatriz y Virgilio, la Cruz y el Águila, la Iglesia y el Imperio». En esta línea definía la obra poética en la perspectiva de la paz: «La *Divina Comedia* es un poema de la paz; lúgubre canto de la paz perdida para siempre es el *Infierno*, dulce canto de la paz que se espera es el *Purgatorio*, canto de victoria triunfal de paz que se posee eterna y plenamente es el *Paraíso*».

En ese sentido, continuaba el Pontífice, la *Comedia* «es el poema de la mejora social en la conquista de una libertad que es rescate de la esclavitud del mal, y que nos conduce a encontrar y a amar a Dios […] profesando un humanismo, cuyas características consideramos muy claras». Pero Pablo VI destacaba además cuáles eran las características del humanismo dantesco: «En Dante todos los valores humanos (intelectuales, morales, afectivos, culturales, civiles) son reconocidos, exaltados; y es muy importante señalar que este reconocimiento y honra se produce mientras él se sumerge en lo divino, cuando la contemplación hubiera podido anular los elementos terrenales». De aquí nace, afirmaba el Papa, con razón, el apelativo de sumo poeta y la definición de *divina* atribuida a la *Comedia*, como también la proclamación de Dante como «señor del altísimo canto», en el *incipit* de la misma Carta apostólica.

Además, valorando las extraordinarias cualidades artísticas y literarias de Dante, Pablo VI reiteraba un principio que había afirmado muchas veces: «La teología y la filosofía tienen con la belleza otra relación, y consiste en que, prestando la belleza a la doctrina su apariencia y ornamento, con la dulzura del canto y la visibilidad del arte figurativo y plástico, abre el camino para que sus preciosas enseñanzas se comuniquen a muchos. Las altas disquisiciones y los sutiles razonamientos son inaccesibles a los humildes, que son una multitud, y además hambrientos del pan de la verdad; no obstante, también ellos advierten, sienten y valoran el influjo de la belleza, y por este medio la verdad brilla y los sacia con mayor facilidad. Es lo que comprendió y realizó el señor del altísimo canto, en el que la belleza se convirtió en sierva de la bondad y la verdad, y la bondad materia de belleza». Pablo VI, citando la *Comedia* para concluir, exhortaba a todos: «Honrad al altísimo poeta» (*Inf.* IV, 80).

De san Juan Pablo II, que tantas veces en sus discursos retomó las obras del sumo poeta, quiero recordar únicamente la intervención del 30 de mayo de 1985 en la inauguración de la muestra *Dante en el Vaticano*. También él, como Pablo VI, subrayaba su genialidad artística. La obra de Dante es interpretada como «una realidad visualizada que habla de la vida de ultratumba y del misterio de Dios con la fuerza propia del pensamiento teológico transfigurado por el esplendor del arte y de la poesía ensamblados». Después, el Pontífice se detenía a examinar una palabra clave de la obra dantesca: «"Transhumanizar". Este fue el esfuerzo supremo de Dante, conseguir que el peso de lo humano no destruyese lo divino que hay en nosotros, ni tampoco que la grandeza de lo divino anulase el valor de lo humano. Por ello, este poeta leyó con acierto su existencia personal y la de la humanidad entera en clave teológica».

Benedicto XVI siguió proponiendo con frecuencia el itinerario dantesco, sacando de sus obras puntos de reflexión y meditación. Por ejemplo, hablando acerca de su primera encíclica, *Deus caritas est*, partía justamente de la visión dantesca de Dios, en la que «luz y amor son una sola cosa» para volver a proponer una reflexión sobre la novedad de la obra de Dante: «La mirada de Dante vislumbra algo totalmente nuevo […]. La Luz eterna se presenta en tres círculos a los que él se dirige con los densos versos que conocemos: "Oh Luz eterna, que en ti solamente resides, / que sola te comprendes, y que siendo por ti, / a la vez inteligente y entendida, te amas y te complaces en ti misma" (*Par.* XXXIII, 124-126). En realidad, más conmovedora aún que esta revelación de Dios como círculo trinitario de conocimiento y amor es la percepción de un rostro humano, el rostro de Jesucristo, que se le presenta a Dante en el círculo central de la Luz. […] Este Dios tiene un rostro humano y —podemos añadir— un corazón humano».[7] El Papa destacaba la originalidad de la visión dantesca en la que se comunica poéticamente la novedad de la experiencia cristiana, que se deriva del misterio de la Encarnación: «La novedad de un amor que ha impulsado a Dios a asumir un rostro humano, más aún, a asumir carne y sangre, el ser humano entero».[8]

Por mi parte, en mi primera encíclica, *Lumen fidei*,[9] me referí a Dante para expresar la luz de la fe, citando un verso del *Paraíso* donde esta se describe como «chispa, / que se convierte en una llama cada

---

[7] *Discurso a los participantes en un congreso internacional organizado por el Consejo Pontificio "Cor Unum"* (23 enero 2006): *L'Osservatore Romano*, ed. semanal en lengua española (27 enero 2006), p. 13.

[8] *Ibíd.*

[9] Cf. n. 4: *AAS* 105 (2013), 557.

14

vez más ardiente / y centellea en mí, cual estrella en el cielo» (*Par.* XXIV, 145-147). Con motivo de los 750 años del nacimiento del poeta, quise honrar su memoria con un mensaje, deseando que «la figura de Alighieri y su obra sean nuevamente comprendidas y valoradas»; y proponía leer la *Comedia* «como un gran itinerario, es más, como una auténtica peregrinación, tanto personal e interior como comunitaria, eclesial, social e histórica»; en efecto, «ella representa el paradigma de todo auténtico viaje en el que la humanidad está llamada a abandonar lo que Dante define "la pequeña tierra que nos hace tan feroces" (*Par.* XXII, 151) para alcanzar una nueva condición, marcada por la armonía, la paz, la felicidad».[10] Por tanto, señalé la figura del gran poeta a nuestros contemporáneos, proponiéndolo como «profeta de esperanza, anunciador de la posibilidad del rescate, de la liberación, del cambio profundo de cada hombre y mujer, de toda la humanidad».[11]

Finalmente, recibiendo a la delegación de la archidiócesis de Rávena con ocasión de la apertura del Año

---

[10] *Mensaje al Presidente del Consejo Pontificio para la Cultura* (4 mayo 2015): *AAS* 107 (2015), 551-552.
[11] *Ibíd.*: 552.

dantesco, el 10 de octubre de 2020, y anunciando este documento, señalaba cómo la obra de Dante pueda también hoy enriquecer la mente y el corazón de muchos, sobre todo de los jóvenes, que acercándose a su poesía «de una manera que les sea accesible, inevitablemente constatan, por un lado, toda la distancia del autor y su mundo; y no obstante, por otro, sienten una resonancia sorprendente».[12]

2. *La vida de Dante Alighieri, paradigma de la condición humana*

Con esta Carta apostólica yo también deseo acercarme a la vida y a la obra de este ilustre poeta para percibir precisamente dicha resonancia, manifestando tanto la actualidad como la perennidad, y para aprovechar las advertencias y reflexiones que hoy continúan siendo esenciales para toda la humanidad, no sólo para los creyentes. La obra de Dante, en efecto, es parte integrante de nuestra cultura, nos remite a las raíces cristianas de Europa y de Occidente, representa el patrimonio de ideales y valores que también hoy la Iglesia y la sociedad civil proponen

---

[12] *L'Osservatore Romano*, ed. semanal en lengua española (16 octubre 2020), p. 11.

16

como base de la convivencia humana, en la que todos podemos y debemos reconocernos como hermanos. Sin adentrarme en la compleja historia personal, política y jurídica de Alighieri, quisiera recordar sólo algunos momentos y acontecimientos de su existencia, en los que él aparece extraordinariamente cercano a muchos de nuestros contemporáneos, y que son esenciales para comprender su obra.

Nació en 1265 en la ciudad de Florencia, donde se casó con Gemma Donati y procrearon cuatro hijos. Al principio estuvo vinculado a su ciudad natal por un fuerte sentido de pertenencia que, sin embargo, a causa de desacuerdos políticos, con el tiempo se convirtió en una abierta oposición. Aun así, el deseo de regresar allí nunca lo abandonó, no sólo por el afecto que, no obstante, siguió teniendo por su ciudad, sino sobre todo por haber sido coronado poeta en el lugar donde había recibido el bautismo y la fe (cf. *Par.* XXV, 1-9). En el encabezado de algunas de sus Cartas (III, V, VI y VII) Dante se define «*florentinus et exul inmeritus*», mientras que en la XIII, dirigida a Cangrande della Scala, precisa «*florentinus natione non moribus*». Él, güelfo de la parte blanca, se encontró implicado en el conflicto entre los güelfos y los gibelinos, entre los güelfos blancos y los negros y, después de haber ocupado cargos públicos cada vez más importantes, hasta convertirse en Prior, por una serie de acontecimientos políticos adversos fue exiliado por dos años en 1302, inhabilitado para ejercer cargos públicos y condenado a pagar una multa. Dante rechazó la sentencia, que consideraba injusta, y el juicio contra él se hizo aún más severo: exilio perpetuo, incautación de los bienes y condena a muerte en caso de que regresara a su patria. Comenzó así la parte más dolorosa de la historia de Dante, que en vano intentó regresar a su amada Florencia, por la que había combatido con vehemencia.

Se convirtió así en el exiliado, el "peregrino pensativo", caído en una condición de «dolorosa pobreza» (*El convite*, I, III, 5) que lo llevó a buscar refugio y protección con algunos señores de la región, como los Scaligeri de Verona y los Malaspina en Lunigiana. En las palabras de Cacciaguida, antepasado del poeta, se percibe la amargura y la desolación de esta nueva condición: «Tú dejarás las cosas / más dilectamente amadas, que es el primer dolor / que produce la primera saeta del arco del exilio. / Tú probarás cómo sabe amargo / el pan ajeno y qué duro camino / es el de bajar y subir por las escaleras de los demás» (*Par.* XVII, 55-60).

18

Posteriormente, no aceptando las condiciones humillantes de una amnistía que le hubiera permitido regresar a Florencia, en 1315 fue condenado a muerte nuevamente, esta vez junto con sus hijos adolescentes. La última etapa de su exilio fue Rávena, donde lo acogió Guido Novello da Polenta y donde murió la noche del 13 al 14 de septiembre de 1321, al volver de una misión en Venecia, a la edad de 56 años. Su sepultura, en San Pedro el Mayor, en un arca situada cerca del muro externo del antiguo claustro franciscano, fue trasladada posteriormente al contiguo templete del setecientos donde, después de convulsas vicisitudes, en 1865 fueron depositados sus restos mortales. El lugar es todavía hoy destino de numerosos visitantes y admiradores del sumo poeta, padre de la lengua y la literatura italiana.

En el exilio, el amor por su ciudad, traicionado por los «muy infames florentinos» (*Carta* VI, 1), se transformó en triste nostalgia. La desilusión profunda por la caída de sus ideales políticos y civiles, junto con la dolorosa peregrinación de una ciudad a otra en busca de refugio y apoyo, no son ajenos a su obra literaria y poética, sino que constituyen su raíz esencial y su motivación de fondo. Cuando Dante describe a los peregrinos que se ponen en camino para visitar los lugares santos, representa de algún modo su condición existencial y manifiesta sus sentimientos más íntimos: «¡Oh peregrinos!, que pensando vais…» (*Vida Nueva*, 29 [XL (XLI), 9], v. 1). El tema vuelve más veces, como en el verso del *Purgatorio*: «Como los peregrinos pensativos hacen / al encontrar por el camino gente desconocida, / que se vuelven a mirarla sin pararse» (XXIII, 16-18). La angustiosa melancolía de Dante peregrino y exiliado se percibe también en los célebres versos del canto VIII del *Purgatorio*: «Era ya la hora en que renace el deseo / y se enternece el corazón de los navegantes / el día que han dicho adiós a sus queridos amigos» (VIII, 1-3).

Dante, reflexionando profundamente sobre su situación personal de exilio, de incertidumbre radical, de fragilidad y de constante desplazamiento, la transforma, sublimándola, en un paradigma de la condición humana, que se presenta como un camino, interior antes que exterior, que nunca se detiene hasta que no llega a la meta. Nos encontramos así con dos temas fundamentales de toda la obra dantesca: el punto de partida de todo itinerario existencial, que es el deseo, ínsito en el alma humana, y el punto de llegada, que es la felicidad, dada por la visión del Amor que es Dios.

El sumo poeta, aun viviendo sucesos dramáticos, tristes y angustiantes, nunca se resignó, no sucumbió, no aceptó que se suprimiera el anhelo de plenitud y de felicidad presente en su corazón, ni mucho menos se resignó a ceder a la injusticia, a la hipocresía, a la arrogancia del poder y al egoísmo que convierte a nuestro mundo en «la pequeña tierra que nos hace tan feroces» (*Par.* XXII, 151).

3. *La misión del poeta, profeta de esperanza*

Dante, por consiguiente, releyendo la propia vida sobre todo a la luz de la fe, descubrió también la vocación y la misión que le habían sido confiadas, y mediante las cuales, paradójicamente, de hombre aparentemente fracasado y decepcionado, pecador y desalentado, se transformó en profeta de esperanza. En la Carta a Cangrande della Scala aclara, con extraordinaria transparencia, la finalidad de su obra, que no se realiza y explica a través de acciones políticas o militares sino gracias a la poesía, al arte de la palabra que, dirigida a todos, a todos puede cambiar: «Hemos de afirmar brevemente que la finalidad del todo y de la parte es la misma; apartar a los mortales, mientras viven aquí abajo, del estado de miseria y llevarlos al estado de felicidad» (XIII, 39 [15]). Dicha finalidad pone en movimiento un camino de liberación de cualquier tipo de miseria y degradación humana (la "selva oscura") y, al mismo tiempo, señala la meta final, que es la felicidad, entendida sea como plenitud de vida en la historia que como bienaventuranza eterna en Dios.

Dante es mensajero, profeta y testigo de este doble fin, de este audaz programa de vida, y Beatriz lo confirma en su misión: «En pro del mundo que vive mal, / fija tus ojos en el carro, y lo que veas / escríbelo una vez vuelto allá» (*Purg*. XXXII, 103-105). También Cacciaguida, su antepasado, lo exhorta a no desfallecer en su misión. Al poeta, que recuerda brevemente su camino en los tres reinos del más allá y que hace presente la dificultad para comunicar las verdades que lastiman, que son incómodas, su ilustre ancestro le replica: «La conciencia, turbada / por la propia vergüenza o la ajena / será la que sienta la rudeza de tus palabras; / pero, sin embargo, aparta toda mentira, / manifiesta totalmente tu visión / y deja que quien tiene sarna se rasque» (*Par*. XVII, 124-129). Una exhortación similar a que viva con valentía su misión profética le dirige san Pedro a Dante en el *Paraíso*, allá donde el apóstol, después de una diatriba terrible contra Bonifacio VIII, se dirige así al poeta: «Y tú, hijo, que, por el peso de lo mortal / aun volverás allá abajo, abre la boca / y no escondas lo que yo no escondo» (XXVII, 64-66).

De este modo, en la misión profética de Dante se incluye también la denuncia y la crítica dirigida a los creyentes, sean Pontífices o simples fieles, que traicionan la adhesión a Cristo y transforman a la Iglesia en un medio para sus propios beneficios, olvidando el espíritu de las Bienaventuranzas y la caridad hacia los pequeños y los pobres, e idolatrando el poder y la riqueza: «pues todo lo que la Iglesia guarda / pertenece a la gente que pide por Dios, / y no a los parientes o a otros más indignos» (*Par.* XXII, 82-84). Pero el poeta, por medio de las palabras de san Pedro Damián, san Benito y san Pedro, a la vez que denuncia la corrupción de algunos sectores de la Iglesia, se hace portavoz de una renovación profunda, e invoca a la Providencia para que la impulse y la haga posible: «Pero la alta providencia, que con Escipión / defendió en Roma la gloria del mundo, / la socorrerá pronto, según pienso» (*Par.* XXVII, 61-63).

Dante exiliado, peregrino, frágil, pero ahora fortalecido por la profunda e íntima experiencia que lo transformó, renacido gracias a la visión que, desde la profundidad del infierno, desde la condición humana más degradada, lo elevó a la misma visión de Dios, se yergue ahora como mensajero de una nueva existencia, como profeta de una humanidad nueva que anhela la paz y la felicidad.

4. *Dante cantor del deseo humano*

Dante sabe leer el corazón humano en profundidad y en todos, aun en las figuras más abyectas e inquietantes, sabe descubrir una chispa de deseo por alcanzar cierta felicidad, una plenitud de vida. Se detiene a escuchar a las almas que encuentra, dialoga con ellas, las interroga para identificarse y participar en sus tormentos o en su bienaventuranza. El poeta, partiendo de su propia condición personal, se convierte así en intérprete del deseo de todo ser humano de proseguir el camino hasta llegar a la meta final, hasta encontrar la verdad, la respuesta a los porqués de la existencia, hasta que, como ya afirmaba san Agustín,[13] el corazón encuentre descanso y paz en Dios.

En *El convite* analiza precisamente el dinamismo del deseo: «El sumo deseo de toda cosa, dado en

---

[13] Cf. *Conf.*, I, I, 1: *PL* 32, 661.

primer lugar por la misma naturaleza, es el retorno a su principio. Y como Dios es el principio de nuestras almas […], el deseo principal de esa alma es retornar a Dios. Y así como el peregrino que va por un camino que nunca ha recorrido, cree que toda casa que ve desde lejos es un albergue, y, viendo que no es tal, dirige su esperanza a otra, y así de casa en casa hasta que llega al albergue, de la misma manera nuestra alma, tan pronto entra en el nuevo y nunca recorrido camino de esta vida, dirige su vista al término del sumo bien suyo, y por eso cualquier cosa que ve y que parece tener en sí misma algún bien, cree que es aquel bien sumo» (IV, XII, 14-15).

El itinerario de Dante, particularmente el que se ilustra en la *Divina Comedia*, es realmente el camino del deseo, de la necesidad profunda e interior de cambiar la propia vida para poder alcanzar la felicidad y de esta manera mostrarle el camino a quien se encuentra, como él, en una "selva oscura" y ha perdido "la recta vía". Además, resulta significativo que su guía, el gran poeta latino Virgilio, desde la primera etapa de este recorrido, le indique la meta que debe alcanzar, animándolo a que no se rinda ante el miedo y el cansancio: «Pero tú, ¿por qué vuelves a tanta pena? / ¿Por qué no subes al deleitoso monte / que es causa y principio de toda alegría?» (*Inf.* I, 76-78).

5. *Poeta de la misericordia de Dios y de la libertad humana*

No se trata de un camino ilusorio o utópico sino real y posible, del que todos pueden formar parte, porque la misericordia de Dios ofrece siempre la posibilidad de cambiar, de convertirse, de encontrarse y encontrar el camino hacia la felicidad. A este respecto, son significativos algunos episodios y personajes de la *Comedia* que manifiestan que ninguno en la tierra es excluido de dicho camino. Como por ejemplo el emperador Trajano, pagano y sin embargo situado en el Paraíso. Dante justifica así esta presencia: «*Regnum coelorum* sufre violencia / del cálido amor y de la viva esperanza, / que vence a la divina voluntad / no a la manera que el hombre sobrepuja al hombre, / sino que la vence porque ella quiere ser vencida, / y al serlo vence, a su vez, con su benignidad» (*Par.* XX, 94-99). El gesto de caridad de Trajano hacia una «pobre viuda» (45), o la «lagrimita» de arrepentimiento derramada en el momento de la muerte por Buonconte de Montefeltro (*Purg.* V, 107) no sólo muestran la infinita misericordia de Dios, sino que confirman que el ser humano siempre puede elegir,

26

con su libertad, el camino a seguir y el destino que ha de merecer.

En esta perspectiva, es significativo cómo el rey Manfredi, ubicado por Dante en el Purgatorio, evoca su fin y el juicio divino: «Después de tener mi cuerpo herido / por dos golpes mortales, me volví / llorando hacia Aquel que se complace en perdonar. / Horribles fueron mis pecados, / pero la bondad infinita tiene brazos tan largos / que toma en ellos a quien a ella se vuelve» (*Purg.* III, 118-123). Pareciera divisarse la figura del padre de la parábola evangélica, con los brazos abiertos, dispuesto a acoger al hijo pródigo que vuelve a él (cf. *Lc* 15,11-32).

Dante se convierte en paladín de la dignidad de todo ser humano y de la libertad como condición fundamental tanto de las opciones de vida como de la misma fe. El destino eterno del hombre —sugiere Dante narrándonos las historias de tantos personajes, ilustres o poco conocidos— depende de sus elecciones, de su libertad. Incluso los gestos cotidianos y aparentemente insignificantes tienen un alcance que va más allá del tiempo, se proyectan en la dimensión eterna. El mayor don que Dios ha dado al hombre para que pueda alcanzar su destino final es precisamente la libertad, como afirma Beatriz: «El mayor don que Dios, en su liberalidad, / nos hizo al crearnos, el que está con la bondad / más conforme y el que más estima, / fue el del libre albedrío» (*Par.* V, 19-22). No son afirmaciones retóricas y vagas, porque surgen de la existencia de quien conoce el precio de la libertad: «Va buscando la libertad, que es tan amada / como sabe el que desprecia la vida por ella» (*Purg.* I, 71-72).

Pero la libertad, nos recuerda Alighieri, no es un fin en sí misma, es condición para ascender continuamente, y el recorrido a través de los tres reinos nos ilustra plásticamente precisamente este ascenso hasta tocar el Cielo, hasta alcanzar la plena felicidad. El «alto deseo» (*Par.* XXII, 61) que suscita la libertad sólo puede extinguirse cuando se llega a la meta, a la visión última y a la bienaventuranza: «Y yo, que al fin de todos los deseos / me aproximaba, puse término como debía / a la vehemencia de mi ardor» (*Par.* XXXIII, 46-48). El deseo también se hace oración, súplica, intercesión y canto que acompaña y marca el itinerario dantesco, del mismo modo que la oración litúrgica marca las horas y los momentos de la jornada. La paráfrasis del *Padrenuestro* que propone el poeta (cf. *Purg.* XI, 1-21) entrelaza el texto evangélico con la vivencia personal, con sus dificultades y sufrimientos: «Venga a nos la paz de tu reino, / porque no podemos alcanzarla por nosotros mismos si ella no viene. […] El pan nuestro de cada día dánosle hoy, / porque sin él, en este áspero desierto, / hacia atrás camina quien más adelante se afana por ir» (7-8.13-15). La libertad de quien cree en Dios como Padre misericordioso, no puede más que confiarse a Él en la oración, y esto no la perjudica en absoluto, por el contrario, la fortalece.

6. *La imagen del hombre en la visión de Dios*

En el itinerario de la *Comedia*, como ya señaló el Papa Benedicto XVI, el camino de la libertad y del deseo no lleva consigo, como tal vez se podría imaginar, una reducción de lo humano en su realidad concreta, no saca fuera de sí a la persona, no anula ni omite lo que ha constituido su existencia histórica. De hecho, incluso en el *Paraíso* Dante presenta a los bienaventurados —«las blancas vestiduras» (XXX, 129)— con su aspecto corpóreo, recuerda sus afectos y sus emociones, sus miradas y sus gestos. En definitiva, nos muestra a la humanidad en su realización perfecta de alma y cuerpo, prefigurando la resurrección de la carne. San Bernardo, que acompaña a Dante en el último tramo del camino, le muestra al poeta los niños presentes en la rosa de los bienaventurados y lo invita a observarlos y escucharlos: «Bien te puedes dar cuenta, por los rostros / y también por las voces pueriles, / si los miras atentamente y los escuchas» (XXXII, 46-48). Resulta conmovedora esta revelación de los bienaventurados en su luminosa humanidad completa que no sólo está motivada por sentimientos de afecto hacia los propios seres queridos, sino sobre todo por el deseo explícito de volver a ver los cuerpos, los semblantes terrenales: «que bien mostraron el deseo de recobrar sus cuerpos mortales, / tal vez no por ellos mismos, sino por sus madres, / sus padres y otros seres que les fueron queridos / antes de convertirse en llamas sempiternas» (XIV, 63-66).

Y finalmente, en el centro de la última visión, en el encuentro con el misterio de la Santísima Trinidad, Dante distingue precisamente un Rostro humano, el de Cristo, el de la Palabra eterna hecha carne en el seno de María: «En la profunda y clara substancia / de la alta luz se me aparecieron tres círculos / de tres colores y una dimensión […]. Aquel círculo, / que me parecía en ti como luz reflejada, / cuando con mis ojos la contemplé en torno, / dentro de mí, con su color mismo, / me pareció representada nuestra efigie» (XXXIII, 115-117.127-131). Sólo en la *visio*

Dei se sacia el deseo del hombre y su fatigoso camino termina completamente: «mi mente iluminada / por un fulgor que satisfizo su deseo. / A la alta fantasía le faltaron aquí las fuerzas» (140-142).

El misterio de la Encarnación, que hoy celebramos, es el verdadero centro inspirador y el núcleo esencial de todo el poema. En este se realiza lo que los Padres de la Iglesia llamaban "divinización", el *admirabile commercium*, el intercambio prodigioso mediante el cual, mientras Dios entra en nuestra historia haciéndose carne, el ser humano, con su carne, puede entrar en la realidad divina, simbolizada por la rosa de los bienaventurados. La humanidad, en su realidad concreta, con los gestos y las palabras cotidianas, con su inteligencia y sus afectos, con el cuerpo y las emociones, es elevada a Dios, en quien encuentra la verdadera felicidad y la realización plena y última, meta de todo su camino. Dante había deseado y previsto esta meta al comienzo del *Paraíso*: «esto debería encender más el deseo / de ver aquella esencia en la cual se sabe / que nuestra naturaleza y la de Dios se unieron. / Allí se verá lo que creemos por fe, / sin estar demostrado, pero que se nos hace tan evidente / como los primeros axiomas que el hombre admite» (II, 40-45).

7. *Las tres mujeres de la Comedia: María, Beatriz y Lucía*

Dante, cantando el misterio de la Encarnación, fuente de salvación y de alegría para toda la humanidad, no puede dejar de entonar las alabanzas a María, la Virgen Madre que con su "sí", con su aceptación plena y total del proyecto de Dios, hace posible que el Verbo se haga carne. En la obra de Dante encontramos un hermoso tratado de mariología. Con acentos líricos altísimos, particularmente en la oración pronunciada por san Bernardo, sintetiza toda la reflexión teológica sobre María y su participación en el misterio de Dios: «Virgen madre, hija de tu Hijo, / la más humilde y alta de las criaturas, / término fijo de la eterna voluntad, / tú eres quien la humana naturaleza / ennobleciste, de modo que su hacedor / no desdeñó convertirse en su hechura» (*Par.* XXXII, 1-6). El oxímoron inicial y la sucesión de términos antitéticos resaltan la originalidad de la figura de María, su belleza singular.

San Bernardo, mostrando a los bienaventurados situados en la rosa mística, invita a Dante a contemplar a María, que dio los rasgos humanos al Verbo Encarnado: «Contempla ahora el rostro que a Cristo / se asemeje más, que sólo su claridad / te puede disponer para ver a Cristo» (*Par.* XXXII, 85-87). Una vez más se evoca el misterio de la Encarnación por la presencia del arcángel Gabriel. Dante pregunta a san Bernardo: «¿Quién es ese ángel que con tanto gozo / mira a los ojos de nuestra reina, / de tal manera enamorado que parece de fuego?» (103-105); y este responde: «Él es el que llevó la palma / a María, cuando el Hijo de Dios / quiso cargar con nuestro cuerpo» (112-114). La referencia a María es constante en toda la *Divina Comedia*. En el camino del *Purgatorio*, es el modelo de las virtudes que se contraponen a los vicios; es la estrella de la mañana que ayuda a salir de la selva oscura para encaminarse hacia el monte de Dios; es la presencia constante, por medio de su invocación —«el nombre de la bella flor que siempre invoco, / mañana y noche» (*Par.* XXIII, 88-89)—, que prepara al encuentro con Cristo y con el misterio de Dios.

Dante, que nunca está solo en su camino, sino que se deja guiar primero por Virgilio, símbolo de la razón humana, y después por Beatriz y san Bernardo, ahora, gracias a la intercesión de María puede llegar a la patria y gustar la alegría plena deseada en cada momento de la existencia: «y aún destila / en mi corazón la dulzura que nació de ella» (*Par.* XXXIII, 62-63). No nos salvamos solos, parece

repetirnos el poeta, consciente de la propia insufi‐
ciencia: «No vengo por mí mismo» (*Inf.* X, 61); es
necesario que hagamos el camino en compañía de
quien puede sostenernos y guiarnos con sabiduría
y prudencia.

En este contexto, la presencia femenina es sig‐
nificativa. Al comienzo del arduo itinerario, Virgi‐
lio, el primer guía, conforta y anima a Dante para
que siga adelante, porque tres mujeres interceden
por él y lo guiarán: María, la Madre de Dios, figu‐
ra de la caridad; Beatriz, símbolo de la esperanza y
santa Lucía, imagen de la fe. Beatriz se presenta con
estas conmovedoras palabras: «Soy Beatriz la que te
manda que vayas; / vengo del lugar a donde deseo
volver / y es el amor quien me mueve y me hace ha‐
blar» (*Inf.* II, 70-72), afirmando que la única fuente
que nos puede dar la salvación es el amor, el amor
divino que transfigura el amor humano. Beatriz re‐
mite, además, a la intercesión de otra mujer, la Vir‐
gen María: «Una mujer excelsa hay en el cielo que
se compadece / de la situación en que está aquel a
quien te envío, / y ella mitiga allí todo juicio seve‐
ro» (94-96). Luego, dirigiéndose a Beatriz, intervie‐
ne Lucía: «Beatriz, alabanza de Dios verdadero, /
¿por qué no socorres a quien tanto te amó, / que

se alejó por ti de la esfera vulgar?» (103-105). Dante reconoce que sólo quien es movido por el amor puede verdaderamente sostenernos en el camino y llevarnos a la salvación, a la renovación de la vida y, por consiguiente, a la felicidad.

8. *Francisco, esposo de la Dama Pobreza*

En la rosa cándida de los bienaventurados, en cuyo centro brilla la figura de María, Dante ubica también a numerosos santos, de los que traza la vida y la misión, para proponerlos como figuras que, en lo concreto de su existencia y también a través de muchas pruebas, alcanzaron el objetivo de su vida y de su vocación. Recordaré brevemente sólo la de san Francisco de Asís, que se ilustra en el canto XI del *Paraíso*, donde se habla de los espíritus sabios.

Hay una profunda sintonía entre san Francisco y Dante. El primero, salió del claustro junto con los suyos y anduvo entre la gente por los caminos de aldeas y ciudades, predicando al pueblo, quedándose en las casas; el segundo hizo la elección, incomprensible en esa época, de usar la lengua de todos para el gran poema del más allá, poblando su narración de personajes conocidos y menos conocidos, pero todos iguales en dignidad a los poderosos de la tierra.

Los dos personajes tienen otro rasgo en común: la apertura a la belleza y al valor del mundo de las criaturas, espejo y "vestigio" de su Creador. ¿Cómo no reconocer en aquel «alabado sea tu nombre y tu poder / por toda criatura» de la paráfrasis dantesca del *Padrenuestro* (*Purg.* XI, 4-5) una referencia al *Cántico de las criaturas* de san Francisco?

Dicha consonancia se presenta en el canto XI del *Paraíso* con un nuevo aspecto, que los asemeja aún más. La santidad y la sabiduría de Francisco sobresalen precisamente porque Dante, mirando nuestra tierra desde el cielo, puede percibir la mezquindad del que confía en los bienes terrenales: «¡Oh insensatos cuidados de los mortales! / ¡Cuán débiles son las razones / que os hacen volar a ras de tierra!» (1-3). Toda la historia o, mejor, la «vida admirable» del santo se basa en su relación privilegiada con la Dama Pobreza: «Mas para no proseguir en lenguaje demasiado hermético, / entiende que Francisco y la Pobreza son estos amantes / a los que me refiero en mi largo discurso» (73-75). En el canto de san Francisco se recuerdan los momentos más destacados de su vida, sus pruebas y, finalmente, el acontecimiento en el que su configuración con Cristo, pobre y crucificado, encuentra la máxima y divina confirmación en la impresión de los estigmas: «encontrando a aquella gente demasiado reacia a la conversión, / por no permanecer ocioso / volvióse a recoger el fruto del huerto de Italia, / y en el áspero monte entre el Tíber y el Arno, / de Cristo recibió el último sello / que sus miembros llevaron durante dos años» (103-108).

9. *Acoger el testimonio de Dante Alighieri*

Al finalizar esta breve mirada a la obra de Dante Alighieri, un filón casi infinito de conocimientos, experiencias y consideraciones en cada ámbito de la búsqueda humana, se impone una reflexión. La riqueza de figuras, narraciones, símbolos e imágenes sugestivas y atrayentes que Dante nos propone suscita ciertamente admiración, maravilla y gratitud. En él podemos vislumbrar a un precursor de nuestra cultura multimedia, en la que palabras e imágenes, símbolos y sonidos, poesía y danza se funden en un único mensaje. Se comprende, entonces, porqué su poema haya inspirado la creación de innumerables obras de arte de todo tipo.

Pero la obra del sumo poeta también suscita algunos interrogantes para nuestros días. ¿Qué puede comunicarnos a nosotros, en nuestro tiempo? ¿Tiene algo que decirnos, que ofrecernos? Su mensaje,

¿tiene para nosotros alguna actualidad, alguna función que desempeñar? ¿Todavía nos puede interpelar?

Dante hoy —intentamos hacernos intérpretes de su voz— no nos pide que sea solamente leído, comentado, estudiado y analizado. Nos pide más bien ser escuchado, en cierto modo ser imitado, que nos hagamos sus compañeros de viaje, porque también hoy quiere mostrarnos cuál es el itinerario hacia la felicidad, el camino recto para vivir plenamente nuestra humanidad, dejando atrás las selvas oscuras donde perdemos la orientación y la dignidad. El viaje de Dante y su visión de la vida más allá de la muerte no son simplemente el objeto de una narración, no constituyen un mero evento personal, por más que sea extraordinario.

Si Dante relata todo esto —y lo hace de modo admirable— usando la lengua del pueblo, que todos podían comprender, elevándola a lengua universal, es porque tiene un mensaje importante que transmitirnos, una palabra que quiere tocar nuestro corazón y nuestra mente, destinada a transformarnos y a cambiarnos ya desde ahora, en esta vida. Su mensaje puede y debe hacernos plenamente conscientes de lo que somos y de lo que vivimos día tras día en tensión interior y continua hacia la felicidad, hacia la plenitud de la existencia, hacia la patria última donde estaremos en plena comunión con Dios, Amor infinito y eterno. Aunque Dante sea un hombre de su tiempo y tenga una sensibilidad distinta a la nuestra en algunos temas, su humanismo aún es válido y actual y, ciertamente, puede ser un punto de referencia para lo que queremos construir en nuestro tiempo.

Por eso es importante que la obra dantesca, aprovechando la ocasión propicia del Centenario, se dé a conocer aún más y de la mejor manera, es decir, que se presente de modo accesible y atrayente no sólo a estudiantes y estudiosos, sino también a todos los que, ansiosos de responder a los interrogantes interiores, deseosos de realizar la propia existencia en plenitud, quieren vivir su itinerario de vida y de fe de manera consciente, acogiendo y viviendo con gratitud el don y el compromiso de la libertad.

Por este motivo, felicito a los docentes que son capaces de comunicar con pasión el mensaje de Dante, de presentar el tesoro cultural, religioso y moral contenido en sus obras. No obstante, es necesario que ese patrimonio sea accesible más allá de las aulas de las escuelas y universidades.

Exhorto a las comunidades cristianas, sobre todo a las que están presentes en las ciudades que conservan las memorias dantescas, a las instituciones académicas, las asociaciones y los movimientos culturales, a que promuevan iniciativas dirigidas al conocimiento y la difusión del mensaje dantesco en su totalidad.

También animo de manera especial a los artistas para que den voz, rostro y corazón, que otorguen forma, color y sonido a la poesía de Dante, siguiendo la vía de la belleza, que él recorrió magistralmente; y que así se comuniquen las verdades más profundas y se difundan, con los lenguajes propios del arte, mensajes de paz, libertad y fraternidad.

En este particular momento histórico, marcado por tantas sombras, por situaciones que degradan a la humanidad, por una falta de confianza y de perspectivas para el futuro, la figura de Dante, profeta de esperanza y testigo del deseo humano de felicidad, todavía puede ofrecernos palabras y ejemplos que dan impulso a nuestro camino. Nos puede ayudar a avanzar con serenidad y valentía en la peregrinación de la vida y de la fe que todos estamos llamados a realizar, hasta que nuestro corazón encuentre la verdadera paz y la verdadera alegría, hasta que lleguemos al fin último de toda la humanidad, «el amor que mueve el sol y las demás estrellas» (*Par.* XXXIII, 145).

Vaticano, 25 de marzo, Solemnidad de la Anunciación del Señor, del año 2021, noveno de mi pontificado.

Francisco

INDICE

Candor Lucis æternæ 3

1. Las palabras de los Pontífices Romanos del último siglo sobre Dante Alighieri 5

2. La vida de Dante Alighieri, paradigma de la condición humana. 16

3. La misión del poeta, profeta de esperanza . 21

4. Dante cantor del deseo humano 24

5. Poeta de la misericordia de Dios y de la libertad humana 26

6. La imagen del hombre en la visión de Dios 29

7. Las tres mujeres de la Comedia: María, Beatriz y Lucía 32

8. Francisco, esposo de la Dama Pobreza . . 35

9. Acoger el testimonio de Dante Alighieri . . . 37

www.ingramcontent.com/pod-product-compliance
Ingram Content Group UK Ltd.
Pitfield, Milton Keynes, MK11 3LW, UK
UKHW021643190726
13853UKWH00001B/15